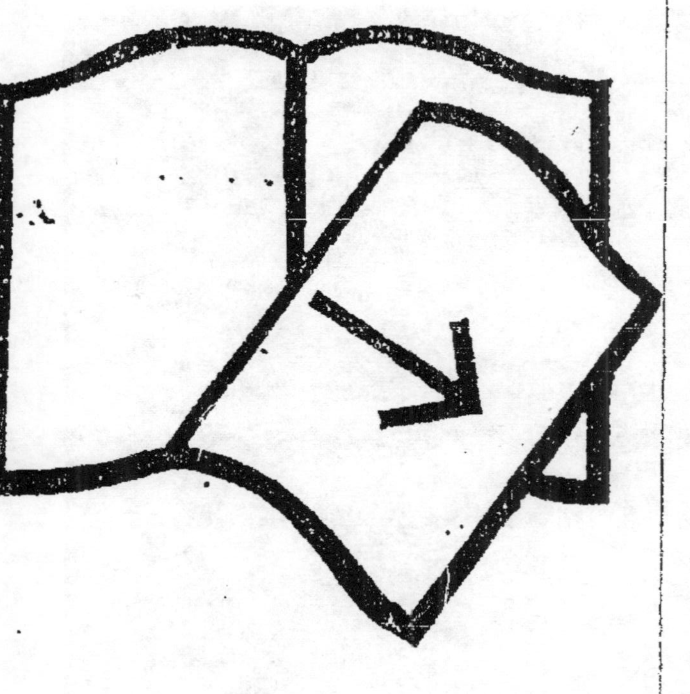

Couverture inférieure manquante

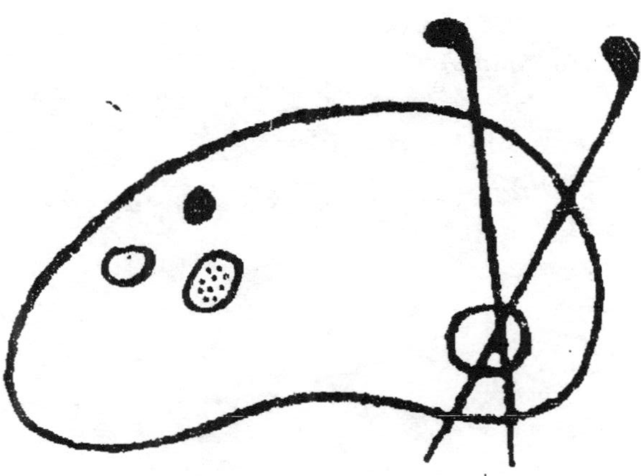

Début d'une série de documents
en couleur

Lettres inédites de Barnave

SUR LA

PRISE DE LA BASTILLE

ET SUR LES

JOURNÉES DES 5 ET 6 OCTOBRE

Publiées par

J. DE BEYLIÉ

GRENOBLE

TYPOGRAPHIE ET LITHOGRAPHIE ALLIER FRÈRES
26, Cours de Saint-André, 26

1906

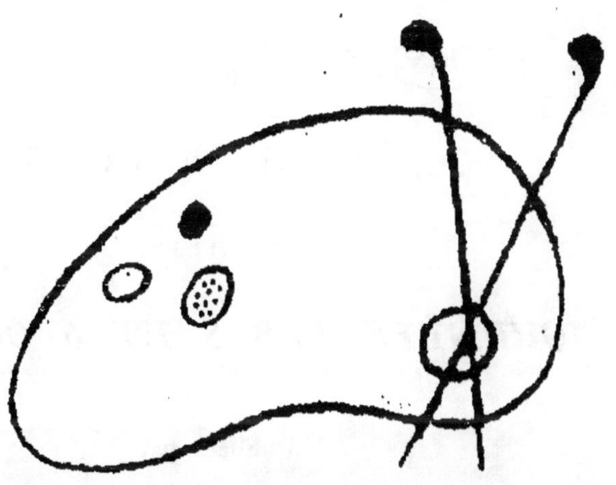

Fin d'une série de documents
en couleur

Lettres inédites de Barnave

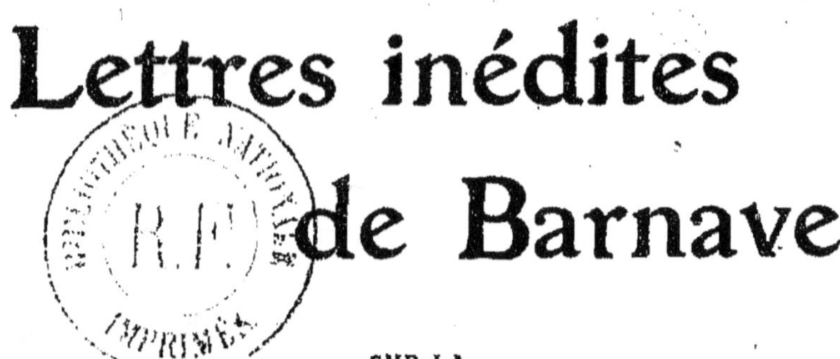

SUR LA

PRISE DE LA BASTILLE

ET SUR LES

JOURNÉES DES 5 ET 6 OCTOBRE

Publiées par

J. DE BEYLIÉ

GRENOBLE

TYPOGRAPHIE ET LITHOGRAPHIE ALLIER FRÈRES

26, Cours de Saint-André, 26

1906

Extrait du *Bulletin de l'Académie Delphinale*, 4ᵉ série, t. XIX.

LETTRES INÉDITES DE BARNAVE

Sur la prise de la Bastille

et sur les journées des 5 et 6 octobre

MESSIEURS,

LES documents communiqués ici ont été trouvés par moi aux Archives nationales, parmi les papiers saisis chez Barnave au moment de son arrestation, à la maison de campagne paternelle de Saint-Égrève, aujourd'hui possédée par l'honorable M. Brenier, et à son domicile particulier, rue des Vieux-Jésuites, maison Revol.

Une partie de ces papiers avait été rendue, peu de temps après la saisie, à Mme Barnave mère, et se trouve aujourd'hui déposée soit à la Bibliothèque municipale de Grenoble, soit aux archives de la famille ; mais les dossiers principaux ont suivi Barnave à Paris devant le tribunal révolutionnaire, et c'est ainsi que les Archives nationales en sont demeurées détentrices.

Ces dossiers ont été déjà l'objet de fréquentes investi-
gations; aussi nombre de pièces, parmi celles qu'ils ren-
ferment, ont-elles été déjà reproduites ou tout au moins
utilisées.

Celles dont j'apporte ici la copie n'ont jamais fait
l'objet d'aucune reproduction. Quelques-unes toutefois
ont été signalées et très succinctement résumées, dans le
répertoire si précieux des sources manuscrites de l'histoire de la Révolution française, publié en 1891, et dont le
savant auteur, M. Tuetey, a laissé peu de chose à glaner
après lui. Cependant, même sur les pas de cet exp'orateur heureux et avisé des archives de l'époque révolutionnaire, il y a possibilité de faire encore d'intéressantes
trouvailles. J'aime à me bercer de l'espérance que je vais
pouvoir en fournir la preuve.

Les lettres de Barnave sur la prise de la Bastille et sur
les journées des 5 et 6 octobre figurent parmi celles que
M. Tuetey a signalées, en les résumant succinctement,
mais sans les reproduire. Détail à noter, il en compte cinq
où je n'en vois que deux. A mon avis, il a fait de cinq
tronçons de serpent autant de serpents, de cinq fragments
de lettre autant de lettres. Il aurait pu même en faire
six, car un des fragments lui a échappé. Sa manière de
compter ne change rien d'ailleurs à la valeur de sa
découverte.

La confusion commise par M. Tuetey est des plus
naturelles.

Dans le fouillis des cartons, ces fragments se trouvent,
en effet, séparés par de nombreux documents étrangers
à leur contenu et portent des numéros d'ordre distincts
et très éloignés les uns des autres. Il n'en est pas moins
vrai qu'en les mettant bout à bout on obtient deux textes

parfaitement suivis, donnant les faits dans leur ordre chronologique. C'est là ce qui m'a déterminé à n'en faire que deux lettres. Il convient d'ajouter, car je veux être véridique avant tout, que quelques-uns de ces fragments portent des dates différentes, ce qui viendrait à l'appui de l'opinion de M. Tuetey. Mais cette circonstance peut s'expliquer sans infirmer ma manière de voir personnelle, et voici comment : Barnave avait à rendre compte de faits exigeant d'assez copieux développements ; il n'a pu, au milieu de ses multiples occupations, les relater, dans leur entier, dès la première heure, ni le même jour ; il procéda par rédactions morcelées, au fur et à mesure des loisirs, et fut ainsi amené à donner à ces fragments, qui n'étaient que des brouillons, des dates différentes, lui permettant de mieux se rendre compte des conditions de son travail de correspondance et de la valeur de ses souvenirs, ainsi étiquetés avec une date les rapprochant plus ou moins de l'époque des faits.

Ces dates n'ont pas la même signification que si elles se trouvaient sur des lettres aux mains de leur destinataire et encadrées dans les formules protocolaires d'usage. Il s'agit, cela n'est pas douteux, de simples brouillons, sans quoi on ne les eût pas trouvés, deux ans après leur date, dans les papiers de celui qui les avait écrites, brouillons portant des ratures, rédigés sur un papier quelconque, dépourvus des formules servant d'en-tête ou de terminaison aux lettres, et où la date se trouve jetée en dehors de toute idée de symétrie.

On peut s'étonner que Barnave qui ne nous a pas laissé de brouillons de ses discours politiques, nous en ait laissé de ses lettres. Avait-il donc la parole plus facile que la plume ? Nullement, il avait seulement d'autres obligations et d'autres besoins, quand il était à la tribune ou quand il se livrait au travail de la correspondance. Comme orateur ce fut, avant tout, un improvisateur. Il puise une grande partie de son influence dans cette qualité tout à fait exceptionnelle parmi les orateurs de la Constituante. Quelques notes écrites à la hâte sur une feuille de son carnet au cours de la discussion lui suffisaient en général. Pouvait-il d'ailleurs en agir autrement, lui dont la tactique consistait, la plupart du temps, à intervenir à la fin des débats ? La méthode de l'avocat jetant quelques mots essentiels sur le papier, pour guider sa réplique, s'imposait à lui. D'autre part il n'avait pas à s'inquiéter de conserver la trace ou le texte de ses paroles : les secrétaires de l'Assemblée nationale, les rédacteurs de journaux étaient là pour cela. Tout au plus avait-il, à ce point de vue, à se préoccuper de revoir les épreuves d'imprimerie, lorsqu'il tenait à plus d'exactitude ou de correction dans la reproduction de ses paroles. En matière de correspondance il en allait tout différemment. Il importait de garder un double de ce que l'on écrivait, et, comme l'encre à copier et les copies de lettres, tels que nous les possédons, n'étaient pas encore connus, force était bien d'écrire deux fois les mêmes choses. Or Barnave, étant dans l'impossibilité de prélever sur ses journées si remplies le temps nécessaire à cette besogne, assez longue et purement matérielle, laissait faire à son secrétaire tout le travail du copiste. Il se bornait à garder pour lui-même la rédaction de l'original. Le premier jet, au point de vue calligraphique, avait-il été suffisamment acceptable, c'était l'original qui allait au destinataire et la copie qui demeurait dans les cartons ; l'original, au contraire, laissait-il à désirer, comme aspect, c'est lui qui demeurait et la copie partait revêtue, bien entendu, de la signature de Barnave et souvent complétée par un post-scriptum de sa main.

Entre parenthèse, Barnave avait alors pour secrétaire le jeune Badin, fils d'un ami de sa famille, qu'il récompensa de ses services en lui procurant une fonction publique, suivant une habitude répandue parmi les hommes politiques. Sa fortune modeste ne lui permettait pas de faire autrement. Badin fut nommé greffier du tribunal de district à Grenoble.

A propos des lettres de Barnave je n'entreprendrai pas de refaire l'histoire de la prise de la Bastille, ni celle des journées d'octobre. D'ailleurs les deux lettres qui constituent l'objet principal de ma communication, contiennent un récit suffisamment circonstancié des événements, pour en rappeler les lignes essentielles.

Peut-être même trouvera-t-on qu'elles les rappellent trop et qu'il ne s'y trouve pas suffisamment d'imprévu. Elles ne nous apprendront en effet rien de bien nouveau, ni l'une ni l'autre. Elles offrent cependant cet intérêt de venir confirmer, par un témoignage des plus autorisés, des faits déjà connus, et nous fournissent aussi, comme par surcroît, quelques impressions plus accentuées sur les événements et sur les personnes.

Afin d'en renforcer l'intérêt je les ferai précéder ou suivre d'autres documents inédits, émanant également de Barnave ou se rapportant à lui. J'y joindrai deux billets fort curieux écrits l'un par Barnave à Mme de Staël, l'autre par Mme de Staël à Barnave. Ils serviront à expliquer le rôle de ce dernier. L'un est inédit, l'autre a déjà vu le jour ou plutôt le demi-jour, mais dans des conditions telles qu'on peut le considérer comme presque complètement ignoré. M. Loustaunau, avocat à la Cour d'appel de Paris, auteur d'une remarquable étude sur Barnave, lue à la conférence des avocats, le 23 novembre 1878, l'a fait figurer à la suite de son discours, sans commentaires et sans lien direct avec le corps de l'ouvrage, comme une curiosité supplémentaire donnée à titre de prime, parmi les pièces justificatives. J'en ai trouvé l'original aux Archives nationales, comme celui de tous les documents reproduits ici [1].

Il se peut, au surplus, que je sois trop timoré et que je m'inquiète, mal à propos, de l'intérêt offert par les lettres sur la Bastille et les journées d'octobre. Ont-elles vraiment besoin d'être renforcées, comme à titre de condiments, par des documents annexés?

Elles se présentent en effet à vous avec les meilleures références. J'ai oublié de vous dire que, pendant longtemps et jusqu'à l'époque récente du dernier remaniement de son Musée, l'Administration des Archives nationales les a fait figurer au Musée des Archives.

Cela me donne à penser qu'elles ne sont pas indignes de figurer dans le *Bulletin* de l'Académie Delphinale.

PRISE DE LA BASTILLE

Je fais précéder la lettre sur les événements du 14 juillet d'une autre lettre, en date du 4 du même mois, adressée par Barnave à sa mère. Elle donne des indi-

[1] M. Loustaunau attribue ce billet à Mme Necker. Nous croyons, au contraire, devoir l'attribuer à Mme de Staël. Il est, en effet, signé Necker, B. de S^t. Ce que nous lisons ainsi : Necker, Baronne de Staël.

cations non à dédaigner sur l'état d'esprit de Barnave et sur l'état des esprits, autour de lui, à cette époque si rapprochée du fait historique dont il sera question dans la lettre suivante. Elle est curieuse parce que, bien qu'elle signale l'irritation populaire croissante, elle semble loin de prévoir les événements considérables survenus peu après.

Lettre adressée à Mme Barnave, à Grenoble.

« Versailles, 4 juillet 1789[1].

« Je ne vous apprendrai rien d'intéressant. Rien de plus languissant que notre Assemblée, jusqu'à ce que nous ayons terminé tous les préliminaires, vérifications, jugements de pouvoirs, rejets de protestations, et autres formalités qu'a entraîné à sa suitte la réunion totale des deux premiers ordres à nous. En attendant nous avons, à la grande satisfaction de la députation, M. l'Archevêque de Vienne, pour président général de l'Assemblée nationale, et M. Mounier pour un de ses six secrétaires.

« Le Gouvernement est devenu assez gracieux envers nous, depuis quelques jours, mais il n'en rassemble pas moins une grande masse de troupes, autour de nous, et il n'est pas douteux que les ennemis de la chose publique ne conservent le projet et l'espérance de nous troubler [2].

« Le défaut de subsistance se fait sentir ici, de plus en

---

[1] Arch. nat., pièce n° 116, W. 13.
[2] Par ennemis de la chose publique Barnave semble bien ici vouloir désigner les ennemis officiels de l'Assemblée. S'il en était autrement, il ne mettrait pas en opposition les rassemblements de troupes provoqués par la Cour avec les cajoleries de celle-ci.

plus, et on craint que Paris ne soit bientôt sans nourriture. A cette effrayante perspective se joint, pour nous, la douleur d'être presque dans l'impuissance de prévenir les maux d'un peuple qui met en nous toute sa confiance. M. l'évêque d'Autun a fait la motion de déclarer tous les mandats impératifs, contraires à l'opinion de la majorité, incapables de suspendre l'activité de l'Assemblée comme de soustraire à ses décrets aucune partie de la nation, toutes protestations faites en conséquence de ces mêmes mandats inadmissibles par l'Assemblée.

« Cette motion dont je vous rends le fond, mais non les termes, a pour objet de lever tous les embarras que les aristocrates cherchent à mettre devant nos pas[1]... »

L'analyse de cette lettre fait ressortir les sentiments amicaux de Barnave pour Mounier, certainement encore aussi fermes, à cette époque, qu'au premier jour, et son culte pour la province natale. La satisfaction qu'il éprouve à voir deux Dauphinois, l'archevêque de Vienne et Mounier, à la tête de l'Assemblée nationale, n'est pas simulée. Elle ne laisse point de doute sur sa sincérité.

On trouve également, dans ce document, l'indication de l'appréhension que causaient aux députés les troupes rassemblées, autour d'eux, par la Cour, et des effrayantes perspectives que faisaient naître les souffrances causées au peuple par la famine. On sent qu'il existe un état de malaise général, dû à ces diverses causes, et qu'il pourrait suffire d'un événement imprévu pour déchaîner les fureurs populaires. Cet événement ce sera le renvoi de Necker. Sept jours avant qu'il ne se produisît, Barnave,

----

[1] La fin de la lettre manque.

nous le voyons, ne s'en doutait pas. Il n'en dit mot. La révélation curieuse qu'il nous fait des cajoleries de la Cour, envers les députés de l'opposition, semble démontrer que l'entourage du roi cherchait à endormir les défiances et à donner le change sur les projets secrets médités contre l'Assemblée et contre le Ministère. La nouvelle du renvoi de Necker éclata comme le coup de foudre décisif, dans un ciel déjà chargé de nuages, et déchaîna la tempête dans laquelle devait disparaître la Bastille, et avec elle le pouvoir absolu, dont elle était le symbole aussi voyant qu'odieux. La lettre de Barnave relativement à la prise de la célèbre prison d'État nous donnera le récit de cet événement capital et de sa cause déterminante. Le destinataire de cette importante lettre est inconnu, il est cependant probable qu'elle fut adressée à un ami de Grenoble, jouant un rôle dans la politique active, soit M. de Calignon, soit le chef de la Municipalité de Grenoble, soit, plus vraisemblablement encore, Aubert du Bayet, fondateur de la Société populaire de Grenoble. La recommandation de la fin de la lettre visant les sociétés populaires semble désigner implicitement ce dernier. D'autre part, un billet inédit de Barnave révèle les rapports constants que celui-ci entretenait avec cette Société. Je le donne en note[1]. Dans

« Paris, 27 février 1789.

« J'ai reçu avec la plus vive reconnaissance, Monsieur et cher Confrère, la délibération de la Société patriotique que vous m'avés adressée. La seule manière, dont je puisse répondre aux bontés qu'elle a eu pour moi, est de la tenir instruite, pendant le temps qui me reste à passer ici, de ces diverses circonstances, de cette situation des choses dont les papiers publics et les autres nouvelles ne donnent jamais une connaissance exacte. » (Arch. nat., pièce n° 209, W. 12.)

tous les cas, par son caractère général et les consignes qu'elle renferme, la lettre ne pouvait être destinée ni à un simple parent, ni à une personnalité étrangère à la ville même de Grenoble. Ceci dit, je rends la parole à Barnave.

———

« Versailles, 15 juillet 1789[1].

« Les événements se succèdent avec une incroyable rapidité. La révolution du Ministère a éclaté dimanche[2] matin. Dès le même jour, les spectacles ont été suspendus à Paris. Un grand nombre de citoyens ont pris les armes et les cocardes vertes ; les gardes françaises et le gué se sont réunis aux bourgeois armés, et il y a eu pendant la nuit, une attaque assez vive, entre ce corps et un régiment de cavalerie allemande.

« Lundi, l'Assemblée nationale a délibéré sur ces événements. L'arrêté est joint ici. Le même jour, sentant la nécessité de rester assemblés nuit et jour, jusqu'à ce que la crise du moment fut calmée, et de venir au secours des moyens physiques de l'archevêque de Vienne, en lui donnant un adjoint, l'Assemblée a élu M. le marquis de La Fayette vice-président. Cependant les armements ont pris dans Paris une forme plus régulière et moins dangereuse. Le peuple de Paris, assemblé à la place de Grève, a nommé un comité, composé des officiers municipaux et d'une partie des électeurs, pour présider à

———

[1] Arch. nat., pièce n° 197, W. 12.
[2] 12 juillet.

l'ordre public. Il a délibéré, en même temps, la levée d'une milice bourgeoise armée ; et 13.200 personnes ont été, le même jour, enregistrées et équipées.

« Mardi, le zèle des citoyens les a portés, en foule, à se faire enregistrer, et ils ont forcé l'hôtel des Invalides, pour se procurer des armes. Trois bateaux, chargés de munitions pour Versailles, ont été arrêtés. A midi un nouvel incident a animé l'incendie. Un régiment de hussards a traversé le faubourg Saint-Antoine et s'est dirigé vers la Bastille. Le peuple s'y est porté et a fait mine d'attaquer la forteresse. Le comité de l'Hôtel de Ville a envoyé des députés au commandant de la Bastille, pour l'engager à ne pas faire tirer sur le peuple ; ils n'ont pu pénétrer. Une seconde députation s'est présentée, avec un étendard en signe de paix ; elle a été introduite dans l'intérieur du pont-levis, avec environ 150 personnes du peuple. Lorsqu'ils ont été dans la cour, le commandant a ordonné de tirer dessus, et un grand nombre ont été tués. La rage du peuple s'est portée au comble. Tout ce qu'il y avait de gens armés, dans Paris, s'est assemblé autour de la Bastille, pour en faire le siège. La Bastille a été prise, sans canons, sans échelles, à la stupéfaction des militaires. Les corps des assiégeants morts ont servi aux vivants de supports, pour s'élever sur les murailles. Le commandant et le major de la Bastille ont été mis à mort. Les prisonniers ont été transportés à l'Hôtel de Ville, où ils sont gardés, pour attendre l'examen de leur détention. Les fonds, qui se sont trouvés au trésor royal, ont été transportés à la Bastille, où la milice bourgeoise fait la garde. Un courrier de la cour, porteur de deux lettres, a été arrêté et mené à l'Hôtel de Ville. L'une des lettres était adressée par le maréchal de

Broglie à un commandant de garnison, l'autre à celui de la Bastille, et lui ordonnait de tenir jusqu'à la dernière extrémité. »

« Le peuple [1] a aussi trouvé dans les poches du commandant de la Bastille une lettre du prévôt des marchands, chef du comité de l'Hôtel de Ville, qui prouvait une intelligence entre eux. Le prévôt des marchands a été mis à mort.

« La croix de Saint-Louis, arrachée au commandant de la Bastille, a été mise à la boutonnière d'un garde française, qui avait pénétré le premier dans l'enceinte.

« Pendant ces deux jours, les bourgeois armés de Paris avaient fait plusieurs tentatives, par force surprise et séduction, sur les camps de troupes réglées, établis près de la ville, et surtout à celui du Champ de Mars. Une partie de ces troupes s'est incorporée volontairement dans la milice bourgeoise ; le reste, pressé par la faim, s'est rendu en partie à Sèvres, en partie à Saint-Cloud. Le camp du Champ de Mars a été vidé mardi soir.

« Versailles était dans une situation différente. On y rassemblait quantité d'artillerie et plusieurs régiments de houssards et d'Allemands. Le peuple y étoit dans une consternation inactive. La Cour délibéroit de transporter le roi à Metz, de s'assurer, pour otage, de l'Assemblée nationale.

« L'Assemblée siégeoit nuit et jour. Le mardi, elle a décrété que de nouvelles instances seraient faites, auprès du roi, sur la retraite des troupes. Sur la nouvelle des événemens de Paris, du même jour, apportée, pour don-

---

[1] Archives nationales, pièce 198, W. 12.

ner le temps, par un courrier, constatée par un procès-verbal, elle a : 1° envoyé au roi une nouvelle députation et le dit procès-verbal ; 2° ordonné l'apport, sur le bureau, des deux lettres enlevées à un courrier de la cour, pour en être délibéré. Elle a ensuite envoyé à Paris, par les électeurs, la copie de ses arrêtés et des réponses faites par le roi aux deux députations, réponses peu satisfaisantes. Dans la nuit du mardi au mercredi on dit que le projet était d'environner l'Assemblée siégeante d'artillerie et de troupes ; que les officiers d'artillerie, appelés chez le maréchal de Broglie, ont déclaré que leurs soldats ne bruleroient pas une cartouche. La chose passe pour constante. Quoi qu'il en soit, mardi matin, le roi est venu dans l'Assemblée, sans cérémonie, et a prononcé le discours joint ici. Le Président y a répondu. Des acclamations vives ont exprimé au roi les sentimens de son peuple. Le roi sorti de l'Assemblée, celle-ci a arrêté d'envoyer une députation à Paris, pour y porter les paroles du roi. Ensuite, sur la demande des électeurs, elle a mis les cytoyens de Paris sous la protection de la Nation française. La motion de demander au roi le renvoi de ses ministres a été faite et discutée, mais le départ de la députation pour Paris a suspendu la délibération. »

« Le même jour [1], au matin, le peuple de Paris a proclamé le marquis de Lafayette colonel général de la milice de Paris. Cette milice est composée de 48.000 hommes, bien armés et résolus à rester sur pied jusqu'à la clôture des États Généraux. Voilà l'état actuel des choses. Le conseil naît des circonstances : méfiance,

---

[1] Archives nationales, pièce 199, W. 12.

fermeté, calmes précautions. De toutes parts on met sur pied les milices bourgeoises. Le sort de la nation est assuré par sa bonne conduite, mais c'est par une contenance ferme qu'elle évitera la guerre civile. Les ennemis ont été obligés de plier ; l'impuissance seule les retient ; l'appareil de la volonté générale peut seul les décourager. Que faut-il donc ? deux choses : adresses multipliées à l'Assemblée nationale et milices bourgeoises prêtes à marcher. Il n'est aucun bon citoyen qui doive se refuser à cette sorte d'enrôlement. Les riches sont les plus intéressés au bien général. La plus grande partie de la milice de Paris est *bonne bourgeoise*, et c'est ce qui la rend aussi sûre, pour l'ordre public, que formidable, pour la tyrannie. Il ne faut pas perdre un moment pour faire circuler ces idées dans toutes les parties de la province. Je n'écris qu'à vous. Je compte entièrement sur l'énergie de votre ville à qui il appartient de donner le mouvement. Le même existera dans toutes les provinces, *il est concerté d'ici*. Adieu. »

Ce récit, qui nous indique, avec tant de précision, l'enchaînement des circonstances ayant abouti à la prise de la Bastille, ne nous apprend, concernant les faits et leurs dates, rien de plus que ce que l'histoire de Thiers renferme sur les mêmes événements.

C'est le samedi 11, au soir, que Necker reçoit brusquement son congé. C'est le dimanche 12, au matin, que la nouvelle se répand à Paris. La foule accourant aussitôt au Palais-Royal, le discours enflammé que lui adresse Camille Desmoulins, les cocardes vertes arborées, les gardes françaises fraternisant avec le peuple, la marche contre la Bastille, les armements de la foule, les bateaux chargés de munitions arrêtés par elle, la fusillade dans la cour de la Bastille, la nomination de Lafayette, etc., etc. Tout cela Thiers le relate dans un récit encore plus détaillé que celui de Barnave, qui renferme d'ailleurs deux inexactitudes, l'une par une négation, l'autre par une affirmation exagérée. Il prétend que la Bastille fut prise sans canon : c'est une erreur, les assiégeants, on le sait, firent usage du canon. Il prétend encore que c'est en se servant de l'amoncellement des cadavres de leurs compagnons tombés sous le feu de la place que les assiégés arrivèrent à franchir les murailles : nouvelle erreur. Il suffit d'avoir vu un plan en relief de la célèbre forteresse, pour se rendre compte qu'un amoncellement de cadavres absolument inimaginable aurait seul pu permettre une pareille escalade. Et l'hécatombe qu'elle suppose dépassait à coup sûr les moyens de résistance dont la garnison disposait. L'excuse de Barnave, en ce qui concerne le siège de la Bastille, provient de ce qu'il n'a point été témoin oculaire des faits. Son récit est l'écho des nouvelles apportées à Versailles, le jour même, à la barre de l'Assemblée, par un député, le vicomte de Noailles, qui arrivait de Paris (c'était, soit dit en passant, un ami de Barnave), et par Bancal des Issards, l'un des députés envoyés par le Comité permanent de la sûreté publique, assemblé à l'Hôtel de Ville. A ce titre, le récit de Barnave offre, à vrai dire, cet intérêt qu'il complète indirectement les lacunes du procès-verbal de l'Assemblée du 14 juillet, où les déclarations des émissaires venus de Paris sont reproduites sous la forme d'un résumé seulement.

Il présente cet autre avantage de constituer, en dehors des deux erreurs relevées, un compte rendu, des plus documentés, sur les événements mêmes, leurs causes et leur suite, dû à la plume d'un contemporain, bien placé pour savoir ce qui se passait.

Le dernier paragraphe mérite même une mention spéciale. Il renferme deux indications, peu mises en relief jusqu'à ce jour et qui jettent, avec toute l'autorité de celui qui les fournit, une lumière particulière sur les agissements du parti avancé et sur les sentiments qui l'animaient, au point de vue social. On y trouve, très nettement affirmé, le souci de créer une garde nationale, *bonne bourgeoise*, prête à résister sans doute aux empiétements du pouvoir royal, mais constituant un ferme rempart de l'ordre public et de la propriété : il ne s'agissait pas d'une révolution socialiste, au sens actuel du mot ; on y trouve également cet aveu très catégorique de l'existence à Versailles d'un comité directeur, transmettant aux comités affiliés de la province le mot d'ordre, pour les courants d'opinion à provoquer et les résistances à opposer à la cour. L'organisation ainsi révélée est évidemment antérieure à la fondation du Club des Jacobins. Il ne pouvait s'agir encore que du Club Breton, ou d'un comité encore moins connu. Le Club des Jacobins proprement dit ne fonctionna que trois mois plus tard, après l'installation de l'Assemblée nationale à Paris. Ces détails sont à retenir.

Nous connaissons les dispositions d'esprit de Barnave dans la semaine qui précède le 14 juillet ; il n'est pas sans intérêt de savoir ce qu'il pensa et ce qu'il fit la semaine suivante.

En orateur doublé d'un homme d'action, il n'hésita pas à tirer parti des événements, au profit de son groupe parlementaire. Le renvoi de Necker et la nomination des nouveaux ministres étaient la cause de tout le mal. Le rappel de Necker figurait, par suite, au premier rang des revendications populaires. Dès le 13 juillet, Mounier avait formulé un vœu, dans ce sens, à l'Assemblée : c'était trop tôt. Sa proposition échoua. Après le coup de force de la population parisienne, les circonstances étaient devenues autrement favorables. Barnave, qui partageait l'opinion de Mounier et des masses populaires à l'égard du Ministère, le comprit. Dès le 15, il prit l'initiative de monter à la tribune, pour proposer l'envoi d'une députation au roi, afin de lui demander, sous la forme d'un vœu, le renvoi des ministres et le rappel de Necker. Sa motion fut appuyée par Mirabeau, avec son éloquence habituelle, dit le procès-verbal de la séance. En réalité, il s'agissait bien moins d'un vœu que d'une injonction inéluctable, masquée sous des formes polies. Le roi ne voulut point paraître céder à une menace déguisée ; il n'attendit pas la députation et se hâta d'écrire, le jour même, à Necker, pour le rappeler, dissimulant sa défaite, sous l'apparence d'un acte spontané de bienveillance. L'ultimatum de l'Assemblée avait pris des dehors de déférence, comme la soumission royale se donnait de faux airs de volonté indépendante. Comédie surperficielle que tout cela ! On ne peut se méprendre sur le véritable sens des faits.

L'empressement hardi dont Barnave fit preuve, dans cette circonstance, n'eut vraisemblablement pas pour unique mobile l'intérêt politique. Il est permis d'y voir une certaine part d'intérêt personnel, très avouable au surplus.

Détail ignoré, Barnave avait un lien de parenté avec Necker. Sa mère, née de Pré, de Seigle, de Presles, appartenait à une famille dont une branche protestante établie en Suisse, contracta une double alliance avec les Necker. La femme du célèbre ministre (Mme Lurchod de Nasse) appartenait à cette branche ; de plus une cousine de Mme Necker (Mlle d'André), autre parente de Barnave, avait épousé le frère du ministre.

La famille Barnave se garda bien de négliger une pareille parenté. Ses amicales relations avec la famille Necker remontent à une date bien antérieure à l'ouverture des États Généraux. Une lettre inédite de Barnave père à l'un de ses fils démontre que, dès le 19 juin 1780, ces relations existaient déjà. L'arrivée du jeune député du Dauphiné à Versailles leur donna certainement une nouvelle intensité. C'est ce que révèlent les deux billets suivants. L'un est de Barnave à Mme de Staël, femme de l'ambassadeur de Suède et fille de Necker, et l'autre de Mme de Staël à Barnave.

Lettre de Barnave à Mme de Staël [1].

« M. Barnave a l'honneur de prévenir Mme l'Ambassadrice de Suède que, pour le succès de la démarche de demain, il est très important que la lettre qui sera lue exprime que le roi n'entend point faire usage de son droit suspensif, relativement aux arrêtés de l'Assemblée actuelle, mais seulement sur les lois qui pourront être proposées par les Assemblées suivantes. L'intérêt que prend une partie de l'Assemblée aux décrets de la nuit du 4 août pourroit être un grand obstacle au succès de

---

[1] Arch. nat., pièce n° 14, W^u 12.

la proposition si l'on laissoit subsister quelque doute à cet égard.

« Mme l'Ambassadrice excusera M. Barnave de l'occuper si tard d'intérêts de cette nature, et en faisant de cet avertissement l'usage qui lui paroitra le meilleur, elle voudra bien ne pas oublier le billet sur la cheminée. »

***

Lettre adressée à M. Barnave à l'hôtel de Lameth par Mme de Staël[1].

« Je prie M. Barnave de vouloir bien passer chez moi, un moment, demain, à 11 heures du matin. Une affaire qui m'intéresse extrêmement, m'oblige à lui demander cet acte de complaisance. Il m'importe aussi que M. Barnave ne parle à *personne* de ce billet. Il me suffit de le lui avoir dit pour être certaine qu'il restera secret. Il faut que je signe, car vous pourriez confondre avec une autre personne, dont j'aurais du plaisir à vous parler.

« NECKER, B. de S^t

« Mercredi soir. »

On conçoit aisément quel parti Barnave pouvait tirer de pareilles relations, au point de vue politique, et combien il était intéressé à favoriser le retour au pouvoir de son puissant parent. Ainsi les déterminations d'intérêt général n'ont pas toujours pour unique levain des considérations du même ordre.

Les deux billets qu'on vient de lire permettent une

---

[1] Arch. nat., pièce n° 692, W. 12. La signature porte Necker B. de S^t, c'est-à-dire Necker, Baronne de Staël.

autre constatation, celle-là d'une très réelle importance historique. Ils nous apprennent que les rapports plus ou moins directs de Barnave avec la cour ne datent pas, comme on le suppose, du retour de Varenne, c'est-à-dire du 22 juin 1791, mais remontent sensiblement plus haut. Bien qu'ils ne soient datés ni l'un ni l'autre, on peut leur assigner une date approximative. Le billet à Mᵐᵉ de Staël est certainement de l'année 1789 (septembre), son objet le démontre ; quant au billet de Mᵐᵉ Necker, il ne paraît pas être postérieur au mois de décembre 1792, Barnave ayant quitté Paris vers cette époque.

Je n'insiste pas, j'aurai à revenir sur ce sujet une autre fois. Remarquons seulement encore que l'on peut déduire de ces billets ce fait curieux que Barnave, en fréquentant les salons de Mᵐᵉ de Staël, y rencontra sûrement, dans l'intimité, et souvent, ce brillant comte de Fersen, attaché militaire à l'ambassade, amoureux de la reine Marie-Antoinette, comme il le fut lui-même, si l'on en croit la légende.

JOURNÉES DES 5 ET 6 OCTOBRE.

Je passe aux lettres relatives aux événements d'octobre ; elles ont, sans doute, le même destinataire que celle du 15 juillet.

« Versailles, 6-8 octobre [1].

« Nouveaux orages : le roi, la reine, Monsieur et le Dauphin sont à Paris ; l'Assemblée s'y transférera

[1] Archives nationales, pièce n° 29, W. 12.

demain ou après-demain ; vingt gardes du corps environ ont été tués. Je ne puis vous donner tous les détails.
Voici en gros la marche des événements.

« Le régiment de Flandres appellé ici, il y a quinze
jours, par l'inquiétude de la reine et l'espérance perverse
de quelques personnes, avoit commencé à exciter du mé-
contentement dans Paris. Jeudi dernier les gardes du
corps ont donné à dîner aux officiers de ce régiment, à
ceux d'un régiment de dragons, qui est ici de longtems,
et aux officiers de la garde bourgeoise. On a appellé à ce
repas les grenadiers du régiment de Flandres ; on y a
bu à l'excès, et parmi les cris de vive le roi, vive la
reine, vive le comte d'Artois, on s'y est permis toute
sorte d'outrages contre l'Assemblée nationale et quelques-uns de ses membres remarqués dans le parti populaire. On a foulé aux pieds la cocarde patriotique. Le
roi et la reine se sont rendus à cette orgie et ont paru y
applaudir. La reine a présenté le Dauphin aux convives,
et, au moment où le roi a paru, la musique a joué cet air
de Richard Cœur de Lion: *O Richard, ô mon roi, l'univers
t'abandonne.* M. le duc de Guiche, capitaine des gardes,
connu, jusqu'à présent, par ses opinions aristocratiques,
jouait au cheval fondu avec les grenadiers. Les mêmes
scènes se sont renouvelées dans un déjeuner entre les
mêmes personnes, à l'hôtel des gardes du corps, le
samedi suivant. On a continué à y condamner les cocardes patriotiques auxquelles on substituoit des cocardes
blanches ou noires, considérées comme une marque de
ralliement au despotisme, et les mêmes cocardes ont tout
de suite été arborées à Versailles et à Paris par un assez
grand nombre de personnes, qui jusqu'à présent
n'osoient pas se déclarer.

« L'effet que ces circonstances ont produit à Paris a été terrible. Le dimanche on a commencé à arracher les nouvelles cocardes et à maltraiter ceux qui les portoient. Trois personnes ont été tuées en duel, à la suite des querelles qui en étoient résultées. Tous les districts ont député à l'Assemblée de la Commune pour demander qu'on exigeat la réparation de l'insulte faite par les gardes du corps à la cocarde patriotique.

« Cependant l'Assemblée nationale, avant d'accorder définitivement la contribution du quart des revenus, avoit demandé au roi, le samedi, l'acceptation de la déclaration des droits et des articles passés de la Constitution. Lundi le président a lu à l'Assemblée la réponse du roi incertaine, ambiguë [1], insidieuse, enfin telle qu'elle vous paroîtra, après un court examen. Un grand nombre de membres se sont élevés contre cette réponse et, après de longues discussions, l'Assemblée a arrêté que son président retourneroit vers le roi, pour lui demander l'acceptation pure et simple. Pendant que nous délibérions, l'impatience des Parisiens s'étoit portée à l'excès. La bourgeoisie et le peuple, l'une animée uniquement contre la dernière conduite du gouvernement et de l'aristocratie, et l'autre y mêlant l'intérêt du pain, qui commençait à être rare, se sont assemblés dans tous les districts, ont formé le projet de venir à Versailles et ont forcé les chefs de la milice et M. de La Fayette à les y suivre. L'espoir de contenir les excès qui pouvoient s'y commettre ont déterminé ces derniers à marcher à la tête de cette armée, qui avait été précédée par un grand nombre de femmes et un orateur

---

[1] Archives nationales, pièce n° 200, W^{ia} 12.

arrivés à l'Assemblée dès midi. Reçu à la barre, l'orateur a demandé : 1° qu'on approvisionnât Paris de pain ; 2° qu'on obligeât les gardes du corps à faire réparation à la cocarde patriotique et à la reprendre ; 3° qu'il n'y eût plus d'aristocrates ; 4° que la liberté fût assurée à la nation. Ces demandes étoient accompagnées d'une éloquence un peu barbare, mais profondément sentie. L'Assemblée, qui venoit de prendre un arrêté relatif à l'approvisionnement, leur en fait la lecture, et le président a ajouté toutes les paroles propres à les calmer et à les rassurer. Douze de ces femmes sont allées chez le roi, avec les députés de l'Assemblée, et sont sorties contentes.

« Dans la soirée, querelles entre les gardes du corps et la garde bourgeoise de Versailles. Quelques gardes du corps ont tiré les premiers et blessé un homme. La garde bourgeoise a riposté et a tué deux hommes.

« A 10 heures, le roi a accepté purement et simplement la déclaration des droits et les articles de la Constitution.

« A minuit, M. de la Fayette est arrivé avec son armée qu'il avoit plusieurs fois haranguée en route et qui étoit dans des dispositions assez calmes. Il est allé successivement à l'Assemblée et chez le roi. Le roi a été appellé à l'Assemblée à 2 heures, et a dit qu'on avoit donné de fausses craintes sur son départ, qu'il étoit déterminé à rester.

« Pendant la nuit, le désir de se venger des gardes du corps s'est éveillé dans la milice de Paris, échauffée par la narration de ce qui s'étoit passé, le soir, entre eux et la milice de Versailles. Les grilles du château ont été forcées à 5 heures, et les gardes du corps poursuivis dans les appartements, où quinze à vingt ont été tués. A 8 heures, le roi et la reine ont demandé amnistie pour eux et ont consenti à aller à Paris. Les gardes ont été désarmés et meslés dans la milice. »

« A 10 heures du matin[1], l'Assemblée nationale a déclaré qu'elle ne se sépareroit point de la personne du roi et a envoyé son arrêté, par des députés, au roi, qui a marqué sa sensibilité et a arrêté qu'il partoit pour Paris à 1 heure.

« Tel est le résultat jusqu'à présent de ce mouvement terrible qui, sans l'immense crédit de M. de la Fayette sur le peuple de Paris et l'intelligence de l'Assemblée, eût été *l'un des plus épouvantables* dont l'histoire eût conservé le souvenir. »

Dans cette lettre, que je n'analyserai pas autrement, j'appelle tout particulièrement l'attention sur le passage où Barnave déclare horribles les spectacles dont il vient d'être le témoin.

Pour une parole assurément des plus malheureuses qui lui échappa dans l'ardeur d'un débat parlementaire, et qui, après tout, ne fit de mal à personne, ses adversaires ont cherché à le faire passer pour un tigre altéré de sang. Le passage souligné dans la lettre du 6 octobre démontre une fois de plus, ce que j'ai pu déjà faire ressortir nombre de fois, que Barnave n'avait point une nature sanguinaire. La parole qu'on lui reproche est une exception unique dans sa vie. Toujours, sauf cette exception, on le verra réprouver, comme il le fait ici, les

---

[1] Arch. nat., pièce n° 201, W¹ᵃ 12.

violences de la rue et manifester son horreur pour des scènes faites pour inspirer l'horreur.

Mais il est bien difficile d'obtenir justice de ses adversaires politiques.

Barnave, pendant ces sinistres journées d'octobre, ne s'était pas borné à se montrer péniblement impressionné, il voulut payer de sa personne, en s'efforçant de calmer la foule en fureur, et, durant toute la nuit du 5 au 6, dans la salle de l'Assemblée, avec quelques rares collègues, il veilla (au milieu de quels dangers !), tandis que la masse des députés, se fiant aux rassurantes déclarations de La Fayette, s'était dispersée.

Or, voici comment Rivarol, dans ses mémoires, juge Barnave, en la circonstance :

« Le jour de la signature de la Constitution, entre les mains de Mounier, par le roi, à Versailles, après la visite des poissardes, le massacre des gardes du corps, la séance fut levée, vers minuit, sur les assurances données par Lafayette.

« Il ne resta que MM. Barnave, Mirabeau, Pétion et quelques autres démagogues zélés, qui ne voulurent pas quitter la foule dont la salle et toutes ses dépendances regorgeaient. Seuls ils résistèrent aux calmans de M. de Lafayette, et refusèrent, comme un autre Ulysse, de s'endormir sur le bord d'un écueil. Ils ont veillé toute la nuit sur le *vaisseau de la chose publique ;* mais comme ils n'ont point empêché les crimes du matin, et qu'au contraire ils les ont vus, et pour ainsi dire consacrés de leurs regards, l'histoire doit en accuser leur présence plus encore qu'elle en accuse l'absence des autres. »

Ainsi, voilà un homme qui a le courage de veiller, en présence d'une foule affamée et révoltée, quand tous les pouvoirs légaux sont impuissants, le roi qui défend aux gardes la résistance, l'Assemblée qui va dormir, Lafayette qui commande une armée dont il n'est pas le maître, et cet homme est celui qu'on accuse de tous les désordres !

Rivarol n'était pas seul à penser de la sorte. Les ennemis de Barnave faisaient tous de même. Ils poussèrent la mauvaise foi jusqu'à s'efforcer de faire comprendre Barnave parmi les auteurs responsables des événements, dans l'information ouverte par la juridiction du Châtelet, chargée d'instruire sur le complot présumé.

Barnave ne fut point troublé par les agissements de ses calomniateurs. Fort de sa conscience, il attendit, dans un calme dédain envers ses détracteurs, le résultat de leurs machinations.

Ses sentiments, à cet égard, sont développés dans une lettre du 17 mai 1790, datée de Paris et par laquelle je clos cette communication.

« Paris, 17 may 1790[1].

« Vous avez raison de n'être pas troublé des bruits qu'on répand, à Grenoble comme ici, sur les procédures du Châtelet. Ma destinée, comme celle de beaucoup d'autres, est liée à la révolution. Il n'est pas douteux que si elle échouait, je serois l'une des premières victimes, et je le tiens à honneur. Si, comme on a lieu de l'espérer, la Révolution s'achève, je pourrais avoir à

[1] Arch. nat., pièce nº 46, W. 12.

souffrir des ressentimens particuliers ; mais ce ne sera pas par des procédures contre lesquelles la notoriété et l'opinion universelle réclameroient, s'il étoit vrai que les bruits que l'on répand eussent quelque réalité.

« Les uns disent que le duc d'Orléans est le seul membre de l'Assemblée qui soit chargé par ces procédures, les autres y comprennent un assez grand nombre de membres au nombre desquels je suis, et qui, en général, sont les plus prononcés dans le parti populaire. Je pense que ces procédures, qui ne sont bien certainement qu'un tissu de calomnies, n'ont été entreprises que contre le prince du sang, mais lorsque les aristocrates les plus enragés, et toutes leurs viles créatures, ont été y déposer, il est difficile de croire qu'ils n'ayent pas profité de l'occasion pour chercher à se venger des hommes qu'ils détestent *le plus*.

« Au reste les premières causes de ces manœuvres vous étonneroient, s'il étoit possible de les consigner dans une lettre. Il est des hommes en qui la France a toute confiance, que l'intérêt public ne permet pas même de démasquer et que l'ambition, l'amour-propre et la jalousie sut rendre les ennemis les plus dangereux de la liberté et les plus acharnés contre ceux qui la défendent. »

Barnave eut raison de mépriser de pareilles attaques. Malgré les haineuses insinuations de ses adversaires, le tribunal du Châtelet, lui-même, n'osa le comprendre dans les poursuites, et l'histoire impartiale justifiera son attachante mémoire, sur ce point comme sur beaucoup d'autres.

Grenoble, imprimerie ALLIER FRÈRES,
cours de Saint-André, 26.